AF383910

LE FRANÇAIS,

OBJET DES MÉTAMORPHOSES

DE L'ENCHANTERESSE CIRCÉ,

ALLÉGORIE.

PIÈCES FUGITIVES.

Si natura negat, facit indignatio versum.
JUV. SAT. I. V. 79.

A PARIS,

Chez LEROUX, libraire, galerie de bois au
palais du Tribunat.

Et chez tous les Marchands de Nouveautés.

1801.

TABLE DES MATIÈRES.

DISCOURS
SUR L'ORIGINE
DE NOTRE RÉVOLUTION
EN FRANCE,
ET AVIS PRÉLIMINAIRE.

L'ÉTAT déplorable où tout en France en étoit venu, y sembloit depuis long-tems disposer à une révolution. La corruption avoit gagné tous les cœurs. Par-tout les plus sages principes étoient méconnus. Le vaisseau de la chose publique, sans gouvernail, et sans mât, ne voguoit plus qu'à l'aventure. Il ménaçoit de périr au premier orage qui s'élèveroit.

La France, sous Louis XIV, étoit parvenue au comble de la gloire. Les arts, les sciences s'y étoient élevés à leur plus haut période. Pour nous maintenir dans cet état de splendeur, il n'eût plus fallu sur le trône que des Antonins.

Mais le premier malheur des Français fut d'y voir, au contraire, sous le règne d'un enfant, le sceptre aux mains d'un duc d'Orléans.

Sous sa régence, tout commença à se corrompre. Plein de qualités brillantes, mais avec un penchant naturel pour tous les vices, il aida à nous jeter dans le précipice. L'irréligion dès-lors osa lever sa tête altière ; et à l'aide de ces sciences et de ces arts, dont nous étions si fiers, mais dont on abusa, la dépravation des mœurs gagna jusqu'aux moindres parties de l'état.

Dans la suite, le règne foible de Louis XV laissa à ces germes destructeurs le tems d'étendre de profondes racines. Sous le manteau de la Philosophie, tous les délires de l'esprit humain se firent rechercher. Tout ne sembla plus que tendre à montrer la vertu peu révérée ; et peu à peu on vit l'esprit d'insubordination chercher à tout confondre. Alors je ne pus résister à faire la peinture de mon siècle : mais bientôt Louis XVI, paroissant sur le trône, me fit renfermer mes vers satyriques dans mon porte-feuille.

Ce jeune Monarque, né bon, aimant l'ordre, et ne voulant que le bonheur de ses sujets, quelqu'espoir reparoissoit ; mais, dénué de moyens dans l'esprit, et sur-tout de cette fermeté si propres à un réformateur, d'ailleurs toujours incertain sur le choix de ses Ministres, qu'il fut peu propre à soutenir dans leurs vues, il ne sut que faire de vains efforts. Il ne put rappeler l'ordre et les mœurs dans le cœur des Français. Trop facile et trop humain, loin de savoir s'opposer au torrent, se pouvoit-il qu'il ne s'y laissât entraîner ? Son propre parent, à force de calomnies, indisposa contre la Famille royale, tout son peuple. L'arrière petit-fils de de ce trop fameux Régent, de l'ambition et des vices duquel il se montroit l'héritier, quoique sans l'être de ses qualités brillantes, chercha à profiter de la foiblesse de son Roi. Il se crut propre à le chasser de son trône ; mais dénué lui-même, de ce caractère énergique qu'on eût souhaité au vertueux Louis XVI, il devint bientôt méprisable : et tous deux, aux yeux des Français, plongés dans la stupeur, furent tour-à-tour porter leur tête sur un échafaud. Toute la France dès-lors se vit en proie aux factions. La plus puissante, toujours conduite sourdement par un monstre odieux et barbare, jeta le deuil dans toutes les familles. Un Robespierre sembla prendre à tâche d'ensévelir la nation sous ses ruines. Mais ce chef d'une horde de brigands féroces, s'étant rendu redoutable à ses propres complices, tomba dans l'abîme que lui-même avoit creusé. (Mon Sonnet satyrique ne fait qu'esquisser l'état déplorable où la France se vit alors.)

La Providence, n'en doutons pas, a eu ses desseins. C'est à nous d'adorer ses décrets. Croyons que dans les voies dont elle se sert, elle tend au mieux possible ; et qu'après avoir châtié le Français, qui depuis si long-tems s'étoit mérité son sort, tout rétabli sur ses bases , et la France reprenant son premier lustre , une paix tant invoquée va constamment cicatriser nos plaies.

O précieuse paix ! puisse-tu ramener avec toi , dans la plus signalée des nations qui honorent l'Europe , les mœurs , la Religion , toutes les vertus sociales ! Tel est le vœu de tout bon Français , auquel à présent mes vers ne présentent plus qu'une description de certaines crises de la maladie politique dont à jamais l'on aura à se féliciter de se trouver guéri.

Nous allons débuter par une Satyre , laquelle , dès 1794 , a déjà paru en province , à la suite d'un Poëme en douze chants. Fort peu d'exemplaires de ce Poëme furent répandus , et les circonstances d'alors ne favorisoient guères le dessein de l'Editeur , qui eut lieu de reconnoître qu'il avoit mal pris son tems. Et comment dans un pareil tems d'anarchie ,

la Philosophomanie pouvoit-elle être accueil-
lie ? Un miroir où l'on se trouve le contraire
de ce que l'on se croit être , choque trop
l'amour-propre de tout étourdi infatué de lui-
même.

Lorsque la Philosophie du jour , c'est-à-
dire, l'abus de la Philosophie , engouoit tous
les esprits , qu'elle poussoit chaque Français
à l'insubordination et au mépris de tous les principes sociaux ; lorsqu'elle portoit à fouler aux
pieds tout ce qu'on eut dû reconnoître de plus
sacré , avec quelle indignation ne devoit-on
pas voir ces vers du sixième chant de la Philosophomanie , contre celui que tant de dis-
ciples suivoient comme leur oracle.

» Là, quel railleur paroît ? De ma Religion
» Il renverse les lois , insulte à la raison ;
» Et la gloire avec lui soutient sa folle thèse !
» Erostrate jadis indiqua tout Ephèse ;
» Mais *Voltaire*... en nos jours que d'honneurs on lui rend !
» Si Minerve l'attaque , Apollon le défend.
» Que la coupe du vice en ses doigts a de graces !
» Les Ris et les Amours voltigent sur ses traces ;
» Ce ne sont que festons de roses et de lys !
» Le pinceau de l'Albane à ses soins est transmis.
» Bonnes mœurs , non ! vos lois ne sont plus entendues ;
» Votre ennemi triomphe, il vous tient confondues ;
» Votre règne est passé ! la piété languit ,
» La décence chancelle , et l'humble vertu fuit.

» En leur place adoré, luxe, père des crimes,

» Tyran fier, parmi nous tu creuses trop d'abîmes ! »

Et comment d'ailleurs cet ouvrage où l'on prétend prouver que tous les hommes ne sont que des fous et des charlatans, et que tel est l'état naturel du genre humain, eut-il dû faire fortune ?

Parmi tout un monde de ces Philosophes du jour, dont on se trouvoit inondé, qui ne devoit mépriser, comme un radotage de vieillard, ce début magistral par lequel on semble insulter au lecteur.

» Siècle de fous, mon vœu seroit-il de vous plaire ?

» Ce seroit s'abuser ; non, j'aspire à bien faire.

» Je laisse aux gens légers les agrémens, les ris.

» Homme grave, esprit vrai, médite mes écrits :

» Songe que la Morale a le maintien sévère :

» Que sa doctrine est ferme et sa conduite austère.

» Elle t'apprend que l'ordre, émanant de ton Dieu,

» Plane sur l'Univers, y domine en tout lieu ;

» Qu'à l'aide des vertus, ces Déités du Sage,

» Un bonheur envié, se maintient ton ouvrage.

» Et t'apprend-elle aussi, confondant ton orgueil,

» Qu'un Sage vainement croit parer tout écueil ;

» Que l'homme flatte en soi son genre de folie,

» Qu'en gourmandant nos fous, tout noir Timon s'oublie ».

De plus, qui pourroit pardonner ces vers du huitième chant, où, sous le nom d'un de ses fous, l'Auteur paroît se plaire à donner une idée de son caractère à lui-même, trop en contradiction avec celui de tout Français, pour lors emporté par des vues ambitieuses.

» De quelle indifférence, aussi dans nos Cités,
» Payé tout jargon de trop d'hommes vantés ?
» Car étant jeune encor, si jaloux de leur gloire,
» J'adorai les savans au temple de mémoire,
» Je me sens revenu de ces illusions,
» Que l'amour-propre enfante au sein des passions.....
  » Plus modéré, plus froid, veut-on avec prudence,
» Cueillir, non sans profit, les fruits de la science ?
» Sans être pour soi-même ardemment prévenu,
» Qu'ignoré dans son siècle, on y vive inconnu.
» De la vertu, des mœurs, certains talens utiles,
» Peu de célébrité, fixent des jours tranquilles,
» L'homme à talens brillans en vain est ennobli ;
» J'aime mieux mon repos, et vivre dans l'oubli.
» J'ai vu persécuter Linguet, Rousseau, Voltaire ;
» Leur exemple m'instruit. Un mérite ordinaire
» Du bisarre public n'afflige pas les yeux.
» Tant d'éclat éblouit, il fait des envieux !
» Qui d'ailleurs méconnut que tant d'auteurs célèbres,
» N'eussent point vu leurs noms s'échapper des ténèbres,
» Sans l'effet d'un hasard qui porta leurs travaux,
» Par un manège adroit s'offrants comme nouveaux.
» Tel, dans son naturel, n'eût paru que vulgaire,
» Qui, sous un air d'emprunt, séduit, parvient à plaire ».

En outre, ce Poëme étoit privé de ses notes, si nécessaires pour le commun des lecteurs, peu au fait des travers où ont donné les Philosophes de l'antiquité ; travers que nos Docteurs du dernier siècle ont fait revivre et fait applaudir. (Ces notes se trouveront à la suite de chaque Chant, si on se porte à réimprimer le Poëme, la première édition ayant été retirée aujourd'hui.) Une grêle de maux de toute espèce qui a plu sur la France , et dont chacun plus ou moins a souffert , a mûri les esprits ; déjà tous commencent à revenir à la raison. Ces Pièces fugitives sont pour donner un essai du genre d'esprit de l'Auteur.

SATYRE PREMIÈRE.

L'EMPEREUR COMMODE ET SON SINGE.

Sous le règne jadis de l'empereur Commode,
Les singes, chez les grands, furent trop à la mode.
Il en vint des abus même chez l'empereur :
Sa sœur en mit au monde un fruit : . . . . Il fit horreur ;
Un neveu des Césars d'un singe eut la figure . . . . .

« Fut-ce libertinage ou jeu de la nature ?
» Réponds-nous donc, poète ? Eh ! point de vain détour. »

Qu'aux amours d'une femme un singe ait dû le jour,
Hypocrate peut-être eût bien eu lieu d'en rire :
J'en ai ri le premier : mais voyons ma satyre :

Le monstre au capitole est sans bruit élevé :
Un esclave en prend soin. Il fut bientôt prouvé
Qu'une ame humaine a droit d'animer une brute.
Un cœur noble opprimé reste grand dans sa chûte :
Félix, né citoyen, mais déchu de son rang,
Fit passer ses vertus dans l'ame de Bertran.
Ce Romain en secret adoroit sa patrie . . . . .
Passion des héros ! sublime idolatrie !
Ce fier patriotisme est du singe approuvé.
Quoique de la parole il se trouvât privé,
Ses gestes suppléoient à notre humain langage.
Il pensoit, écrivoit, se comportoit en sage ;

Il allioit le flegme avec un geste vif :
Aux leçons de Félix il se montre attentif,
Aime les arts, parvient à s'y montrer habile.
Ce que l'on fait en cour, ce que l'on pense en ville,
Bertran recueille tout, ne laisse rien passer :
Dans ses réflexions on le voit s'enfoncer.
Les goûts de l'empereur, sa débauche terrible,
Ses inhumanités, son despotisme horrible,
L'Etat déchu, tombé dans un cahos affreux,
Et sous un joug de fer le Romain malheureux ;
Bertran voit tout ; il voit Félix bouillant de rage . . .
Ce Félix se roidir contre un dur esclavage.

« O Rome, disoit-il, faite pour tes malheurs !
» Souffres-tu sans rougir le comble des horreurs ?
» Prince ignoble, sans cœur, vrai brigand, sacrilége,
» Tout noirci de forfaits, obsédé d'un cortége
» D'hommes sans mœurs, sans lois, qui n'ont ni feu ni lieu,
» A ta cour rassemblés, vagabonds, sans aveu . . . . .
» Maints scélérats abjects sont créés ses ministres,
» Et par ce vil canal, ses volontés sinistres
» Oppriment tout mérite, étouffent la vertu !
» L'honnête homme en gémit. » Bertran, sombre, abattu
Par-tout un peuple instruit des crimes de Commode,
En fait une revue, et revue incommode !
Il le trouve souillé d'inceste avec ses sœurs . . .

« Ma mère, est-il bien vrai ? Commode eut vos faveurs ;
» Et de vous deux (j'écarte un plus affreux mystère)
« Serois-je né, dit-il ? Ha ! pardonne, ô mon père !
» Homme foible, entouré de tes vils favoris,
» Te verrai-je en silence, en leurs piéges surpris ?

» Non ; ton cœur se rendroit , si leur cabale obscure
» Cessoit de t'infecter d'une noire souillure . . .
» Rome, on verra tes maux s'oublier par mes soins. »

Au pied du trône il vole ; il s'y rend sans témoins ,
Saute au cou de Commmode : il le flatte , il l'accole.,
Fait montre de talens , voltige , cabriole ;
Il sait plaire , et du prince est caressé , chéri.

» Bon , dit-il , méritons ce rang de favori !
» Des sentimens du peuple il nous rend l'interprête :
» Mon devoir , dès ce jour me devient une dette. »

Antonin , dans ce singe , eût pu voir un trésor ;
Mais jamais un tyran s'avoua-t-il son tort ?
L'éclairer sur ses torts est tenter un miracle !

Bertran ferme les yeux sur ce terrible obstacle.
Son zèle , ses vertus fomentent son dépit ;
Il s'enferme , et son cœur épanché par écrit ,
L'empereur lut ces mots : « Un retour sur toi-même :
» Tyran ! vois la clarté ! n'as-tu le diadême
» Que pour subjuguer Rome ? Ah ! prince entends nos cris!
» Le devoir du pasteur , c'est d'aimer ses brebis ,
» Non de les égorger. Daigne ouïr un langage ,
» Fils d'Antonin , qu'entend sans honte un prince sage.

» Le Roi fait-il son peuple, ou le Peuple son roi ?
» Eh ! par quel droit , réponds, ce peuple est-il à toi ?
» Jupiter fait les rois , dis-tu ? J'aime à le croire :
» Mais songe que leur chûte aussi tourne à sa gloire ;
» Et que ses fiers décrets, pour hâter leur trépas,
» Meuvent d'un peuple actif et la tête et le bras.

» Sot qui se vend entier. Honneur, repos, fortune,
» Tout livrer !... Non ; la mort devient moins importune.
» Lorsqu'un pact lia les peuples à leurs rois ;
» Tous n'eurent de remparts que dans de sages lois.
» D'un libre vœu ces lois par le peuple acceptées,
» Sont pour être du Prince à jamais respectées,
» Sans quoi tout pacte nul. Hardis en nos efforts,
» Nos droits revendiqués, le plus fort règne alors.

» O César, juge toi ! honteux objet de haîne,
» O songe en quels écueils ton sort cruel t'entraîne !
» Tous nos Dieux indignés de voir qu'un orgueilleux
» Se place à leur niveau, te repoussent loin d'eux.
» Et tu veux que sur terre on t'encense, on te craigne !
» Dis : quels exploits si grands ont signalé ton règne ?
» Sont-ce de toutes parts tes crimes affichés ?
» Est-ce un sénat rempli d'hommes perdus, tachés,
» Fléaux qu'autour de toi l'impunité rassemble,
» Bandits, gens abhorés : gens faits pour être ensemble ?
» Quel torrent de forfaits, de vols, d'assassinats,
» Engloutit ma patrie avec ces scélérats !

» O patrie ! nom sacré... dans nos mœurs corrompues,
» Par l'attrait seul de l'or et des femmes perdues,
» Le noir est rendu blanc et le blanc rendu noir.
» Aussi voit-on qu'en proie au plus fougueux pouvoir,
» Et trouvant confondus tout mépris, toute estime,
» Où le fripon renaît, l'honnête homme s'abîme.
» Aussi voit-on traîner l'innocence à la mort,
» Et par-tout des brigands secondés par le sort.

» Tu nous braves, César.. Eh ! crains guerre pour guerre !
» Qui ne croit à ses pieds fouler qu'un ver de terre,

» Se sent par un aspic piqué mortellement ,
» Et peut-être tu cours à ton dernier moment. »
Commodé eut sous les yeux cette leçon terrible ;
Mais inutile frein pour son ame inflexible.
Sans devenir suspect, Bertran par tels écrits
Renouvelle, prodigue un si puissant avis.
Mais le Prince, entouré d'un flot de concubines ,
Jouant avec Bertran, répondant à ses mines ,
Suit son penchant, redouble encor de cruautés.
Ses plus chers courtisans en sont épouvantés ;
Martia les prévient : ç'étoit sa favorite :
Belle, jeune, tirant parti de son mérite,
L'amour sut l'élever de faveur en faveur ,
Des bras des porte-faix dans ceux de l'empereur.
Le Prince s'amusoit de sa gaîté grossière.
Aux frayeurs de la Nymphe un jour donnant matière,
Le tigre, sur son sein , meurt atteint de poison ,
Et l'Amour dans les airs rit de la trahison.

Bertran regrette un père ; il n'y voit plus que l'homme !
Mais l'honneur , mais la loi , mais le salut de Rome
Lui prescrivant de mettre à son prix l'empereur ;
Dans la publique joie il noya sa douleur.

SATYRE DEUXIÈME.

'Adieux à la France, par une victime des vexations des financiers, en 1795.

HÉ! plutôt m'enfouir au fond de la Norwège;
Tel qu'un ours repérer sous la glace et la neige ;
Y languir des neuf mois tremblant et soufreteux ,
Que d'habiter la France en des tems si scabreux !
S'y voir déchus , tombés en des périls extrêmes ;
Risquer honneur, repos , biens , vie , ah tout nous-mêmes !
Le sentir sans le fuir, c'est aider à son sort.

Des prisons d'où je sors , j'ai vu de près la mort.
Victime de l'orgueil d'un publicain vorace ,
Laquais hier . . . Lafleur , de ce jour homme en place,
Seigneur de fiefs , bouffi d'être vu directeur,
Voit parmi ses commis , y compte avec hauteur
De pauvres nobles , fils d'un de ses premiers maîtres ;
Il les forme en cet art où l'on sourit aux traîtres ;
Mais soit vilain , soit noble , on est avide d'or ;
Or, vive la finance ! Un d'eux se faisant fort
De l'appui du Crésus , vient en fat , vient sans ame ,
Me vanter ses talens pour leur métier infâme.
» Ta sœur, dit-il, m'enchante ! Ami, fais que sa main,
» Par ton aveu...» Non pas , lui dis-je : Eh ! bien envain ;
Son choix est fait : l'Algif , lieutenant de milice . . ..
Nos pères , braves gens , vieillirent au service :
Pour ma sœur tel époux vient mieux à notre état.

Sur

Sur ce refus, d'Ulboc pâlit, part sans éclat:
Mais ses furets usant d'un vil droit de visite,
Leur chef saute au logis, crie à la fraude, vîte !

« Qu'entends-je ! Du tabac saisi dans mon buffet.....
» Faux verbal ! fait faux; faux ! s'esclame mon valet.
» Moi, dit-il, je l'ai vu ! oui, mes yeux l'ont vu mettre!..»
Notre noble en fureur, prête à se compromettre;
Tombe sur mon valet; lui, hardi se défend.
Force coups sont portés; l'on en donne, on en rend.
L'un crie: à moi! haro! Cet autre, on m'assassine !
Le sang coule, on accourt. Le hameau se mutine:
Nos Commis lâchent pied: mais dès le lendemain,
Force décrets lancés; l'on fond sur moi soudain.
Comme rebelle aux lois, on m'arrête et garotte.
Derrière son cheval, mon héros de Maltote,
En m'insultant, me traîne: ils partent; vont au trot.
Un juge, sans m'ouïr, me jette en un cachot !
Bref, le procès instruit, on me lit ma sentence.
J'en appelle, on évoque: on fait juger l'instance.
Mais le Conseil saisi, déjà mon Directeur
Se tient sûr du succès; presse le Rapporteur,
Sur table étale l'or. Par ce tribut d'usage,
De la Ferme, dit-il, je dépose l'hommage.
Mais le juge, indigné du tort du scélérat,
Jette l'or, chasse l'homme .... On blame un juste éclat !
On fait plus, trait inique ! on exile mon juge.
L'innocence aux abois n'a donc plus nul refuge !

Siècle d'iniquités ! France, séjour d'horreur,
Où l'homme, ami des lois, y trouve son malheur.
Croupis, peuple pervers, croupis dans ton désordre!

Sur des cœurs endurcis, quel remords pourroit mordre !
Patrie, hé ! dans ton sein, n'est-il plus nul repos :
Faut-il te voir réduite en un honteux cahos ?
Te voir de tes enfans déchirer les entrailles ;
Tous, enfans, sur toi-même usant de représailles ?
Le Luxe et l'Or par-tout, cumulent nos malheurs !

Ce Luxe, doux poison dont s'énivrent les cœurs ;
Il nous ravale au rang ignoble de la brutte :
Nous engourdit, nous glace, entraîne notre chûte.
Tout Français, par l'effet de ce charme amorcé,
Reste une offrande offerte aux autels de Circé.
Grands et petits, traitant nos vertus de futiles,
Vont, rampant près du Prince en odieux reptiles.
Dieux ! quel serpent s'élève où fut un magistrat ?
Quel immonde pourceau tient l'hôtel d'un prélat ?
Dans ces camps où l'on vit tout français plein d'audace,
Que de lièvres peureux par-tout vident la place !
Vous, docteurs herminés, n'êtes plus que des ours.
Où logeoient nos traitans, on ne voit que vautours.
Luxe, à toi seul l'on doit telles métamorphoses !
Mais l'Or aussi, fait-il de moins étranges choses.

Dans la confusion jettant tous les états,
L'Or, ce dieu corrupteur, ne fait que scélérats.
Par lui, gagnant les cœurs, la finance orgueilleuse,
Heurte d'un front d'airain la vertu malheureuse,
A soif du sang du pauvre, écrase tout venant,
Et seule, aux dignités, marche à pas de géant.
Donc, fi de nos emplois, fi de nos rangs stériles,
Où des talens marqués languissent inutiles !
Que le fils du Héros cède à l'homme nouveau :

L'Or en main, tout est noble, eût-on été bourreau.
En France, point de honte ! on tient pour rien le crime :
Chez les grands, chez le peuple on n'obtient plus d'estime,
Qu'autant qu'au poids de l'Or, on n'obtient à la fois,
Un titre pour braver la justice et les lois.
De-là, dans tous états, de-là dans toutes places,
L'honneur est délaissé : l'on court, et sans grimaces,
Au solide, au réel, au comptant, aux ducats.
L'Or, l'Or est parmi nous, le Dieu dont l'on fait cas.
Avec l'Or tout s'obtient : de l'Or, qu'on s'en souvienne,
Il peut tout : vive l'Or, qu'importe comme il vienne.
L'Or réunit nos vœux, surs de lui tout devoir :
Aussi plus s'en voit-on, plus on veut en avoir.
On est fourbe, fripon, traître, sans foi, parjure :
L'attrait de l'Or fait mettre en oubli la nature ;
Jusqu'aux dons de la terre, avec art corrompus,
Tout n'est plus que poisons, rien ne substante plus.
Avant le tems aussi, paye-t-on à la Parque,
Ce tribut que lui doit le pauvre et le monarque ;
A nos mœurs qu'on s'en prenne : on leur doit la noirceur
Qu'un sordide intérêt verse dans notre cœur.
Dès que ce prompt venin rend notre ame assoupie,
L'homme jette sur-tout une main de harpie.

De-là, se trouve-t-il qu'au choix de nos emplois,
Pleine voie est ouverte à l'infracteur des lois :
Qu'aux yeux de tout français un état honorable,
S'il est peu lucratif, perd ce qu'il eut d'aimable ;
Qu'ouvrant vers la fortune un stérile chemin,
Il cesse d'être pris pour faveur du destin.
Sans crainte aussi, fondant sur le son des pistoles,
Et sans rien respecter, fier de ses monopoles,

Riant de la science et de la piété,
Tout père voit son fils à tous postes porté.

Dans l'église, eh ! voit-on qu'un sot perdu de vices,
Ducats en main, se rend tous protecteurs propices !
Dans l'état militaire aussi, que par faveur,
Un poltron prend le pas sur mille gens de cœur ;
Et qu'un fat, insultant aux vertus de ses pères,
Craint moins le déshonneur ; que ces coups d'œil sévéres,
Dont l'on paie un héros appauvri pour l'Etat !

Vers la fortune, là, se portant sans éclat,
L'homme de robe est vu diriger sa balance.
Consultant plutôt l'or qu'une antique prudence.
Eh ! que lui produiroient le savoir et des mœurs ?
Tout lui fait un devoir de mépriser nos pleurs.
S'occuper de nos maux, c'est grossir la tempête ;
C'est hâter le péril, c'est y vouer sa tête.

Plus loin, tout commerçant fraude ses créanciers,
Va, vient, s'intrigue, met à l'écart leurs deniers ;
Qu'à loisir il médite une utile déroute ;
Son bonheur l'a servi, quand il fait banqueroute !

Patrie, eh ! de ton sein découlent tous nos maux !
Quelle rage te pousse à chérir tes bourreaux ?
Toi-même, à t'engloutir, quelle pente t'entraîne ?
Quoi ! l'homme vertueux n'éprouve que ta haine !
Hé ! ton devoir pourtant, c'est d'aimer tes enfans ;
D'être l'appui des bons, la terreur des méchans,
De fixer tes regards sur la cause commune,
D'être juste envers tous, de soigner leur fortune !

Guidés par la nature , à leurs devoirs astreints ,
Tout bon père et les siens , de doux nœuds sont étreints ;
Entre les citoyens et l'Etat naît de même ,
De leurs soins mutuels une union extrême.
O France ! ouvre les yeux, connois tes vrais enfans :
Ils te tendent les bras , soustraits-les aux tyrans.
Qu'attirés dans ton sein , leurs cœurs pleins de droiture,
Y retrouvent un ciel où la vertu s'épure.

Si-tôt qu'une marâtre , eh ! me froisse en son sein ,
Qu'elle m'étouffe , et voit mes pleurs d'un œil serein ,
Tout hospice étranger vient-il m'offrir des charmes ?
Sans trahir ma vertu , j'en jure par mes larmes ,
De mon pays je fuis... j'y laisse encor mes vœux ,
Mais sur un autre sol je cherche un sort heureux.

Eh ! quel moyen d'ouïr , sans trembler pour sa tête ,
Autour de soi , la foudre à tomber toujours prête !
Quittons un tel séjour , où l'honneur , la vertu ,
Les droits les plus sacrés tout l'homme est combattu !
Où tout culte aboli , toute loi méconnue ,
L'iniquité prospère , est forte , est soutenue !
Où la main de nos grands , faite au plus vil trafic ,
Consacre à leurs plaisirs les sueurs du public !
Où , dans d'affreux cachots , chaque jour une grêle
De lettres de cachet , nous plongent pêle-mêle !
Où par-tout subjuguant nos corps et nos esprits ,
Le poignard sur la gorge , on étouffe nos cris !
Enfin , où l'homme fourbe , ami du brigandage ,
Dépouille l'homme droit , jette aux fers l'homme sage
Oh ! hâtons-nous de fuir si détestable lieu ! ..
Repaire de vautours , terre maudite , adieu !.

SONNET SATYRIQUE,

Auquel donna lieu l'horrible état de la France durant le règne de Robespierre et de ses adhérants.

La France est un cahos. Sans dieux, sans mœurs, sans lois,
En tigres acharnés, les humains s'y déchirent :
Tous altérés de sang, en maints piéges s'attirent :
Leurs atroces complots font leurs vaillans exploits.

Peuple entaché d'horreurs, peuple aimable autrefois,
Mais la lie aujourd'hui des êtres qui respirent,
L'espoir de tes voisins, le bonheur qu'ils desirent,
C'est de trouver ton sol déchargé de ton poids.

Creuse l'abîme, ô Dieu ! purge notre hémisphère
De monstres, parmi nous, vomis dans ta colère :
En périsse à jamais l'effrayant souvenir.

Et toi, fille d'Enfer, folle Philosophie !
Maints forfaits en ce siècle, aux siècles à venir
Diront, qu'à ton jargon n'est qu'un sot qui se fie.

F I N.

A Rouen. De l'Imprimerie de ROBERT, Imprimeur-Libraire, rue des Carmes, n°. 102.